SE BATTRE EN FLANDRE

GAZ. BOUE. MÉMOIRE.

MÉLANIE MORIN-PELLETIER

MUSÉE CANADIEN DE LA GUERRE
CANADIEN WAR MUSEUM

Catalogage avant publication de
Bibliothèque et Archives Canada

Morin-Pelletier, Mélanie
Se battre en Flandre – gaz, boue, mémoire /
Mélanie Morin-Pelletier.

(La collection catalogue-souvenir, 2291-6377)
Publié aussi en anglais sous le titre : Fighting in Flanders –
gas, mud, memory.
Comprend des références bibliographiques.
ISBN 978-0-660-97508-5
Nº de cat.: NM23-5/8-2014F

1. Guerre mondiale, 1914-1918 – Campagnes et batailles –
    Belgique – Expositions.
2. Canada. Armée canadienne – Histoire – Guerre mondiale,
    1914-1918 – Expositions.
3. Canada. Armée canadienne. Corps expéditionnaire canadien –
    Histoire – Expositions.
4. Guerre mondiale, 1914-1918 – Canada – Expositions.
5. Guerre mondiale, 1914-1918 – Campagnes et batailles –
    Belgique – Flandre – Expositions.
6. Musée canadien de la guerre – Expositions.

I.   Musée canadien de la guerre.
II. Titre.
III. Collection: Collection catalogue-souvenir.

D542 Y5 M6714 2014
940.4'144
C2014-980042-8

Publié par le
Musée canadien de la guerre
1, Place Vimy
Ottawa (Ontario) K1A 0M8
www.museedelaguerre.ca

Imprimé et relié au Canada

Le présent ouvrage est publié dans le cadre de
Se battre en Flandre, une exposition réalisée par le Musée
canadien de la guerre en partenariat avec le Memorial Museum
Passchendaele 1917, en Belgique, et avec le généreux soutien
de la E. W. Bickle Foundation.

La collection Catalogue-souvenir, 8
ISSN 2291-6377

VISIT**FLANDERS**

Pendant quatre longues années, la Flandre fut le triste théâtre de quelques-uns des affrontements les plus sanglants de la Première Guerre mondiale. Dès 1914, ses paysages tranquilles furent transformés en un vaste champ de bataille. La guerre a touché non seulement les citoyens européens, mais aussi des soldats venus du monde entier, comme les soldats canadiens, qui se sont retrouvés en Flandre. Un million de soldats furent blessés, portés disparus ou tués au combat à cette époque, tandis que des milliers de citoyens perdirent leur maison et furent contraints de tout quitter. La guerre dévasta des villes et des villages entiers, les défigurant au point de les rendre méconnaissables.

Aujourd'hui encore, les paysages de la région témoignent de la guerre. Ils abritent des centaines de monuments et de cimetières lourds de signification historique pour les peuples du monde entier. Dans la région, nombre de musées interactifs sont ouverts aux visiteurs, illustrant les différents aspects du conflit.

Des cérémonies comme la cérémonie du souvenir (Last Post) mettent en évidence que les soldats morts ne sont pas oubliés. De 2014 à 2018, la Flandre célébrera le 100e anniversaire de la Grande Guerre. En Belgique, un vaste projet mémoriel quadriennal a donc été mis sur pied par le gouvernement flamand, projet connu sous le nom de Centenaire de la Grande Guerre. L'initiative vise à rendre hommage aux victimes de ce conflit et à donner l'occasion à tous de se pencher sur la signification de la paix et de la bonne entente entre les nations.

En commanditant l'exposition **Se battre en Flandre**, le bureau de tourisme VISIT**FLANDERS** veut remercier le Canada de son inestimable soutien à notre région. Nous espérons que cette exposition et son catalogue vous inciteront à visiter les champs d'honneur de la Flandre et à découvrir son histoire et sa culture.

Flanders
State of the Art

AU CHAMP D'HONNEUR

Au champ d'honneur, les coquelicots
Sont parsemés de lot en lot
Auprès des croix; et dans l'espace
Les alouettes devenues lasses
Mêlent leurs chants au sifflement
Des obusiers.

Nous sommes morts
Nous qui songions la veille encor'
À nos parents, à nos amis,
C'est nous qui reposons ici
Au champ d'honneur.

À vous jeunes désabusés
À vous de porter l'oriflamme
Et de garder au fond de l'âme
Le goût de vivre en liberté.
Acceptez le défi, sinon
Les coquelicots se faneront
Au champ d'honneur.

— Adaptation française par **Jean Pariseau**
du poème *In Flanders Fields*
de **John McCrae**

TABLE DES MATIÈRES

AVANT-PROPOS

De mon bureau au Musée canadien de la guerre, il me faut à peine 15 minutes pour me rendre à pied au Monument commémoratif de guerre au centre-ville d'Ottawa, où se trouve la tombe du Soldat inconnu.

L'homme dont les restes reposent dans cette sépulture comptait parmi les 61 000 soldats canadiens morts durant la Première Guerre mondiale. Dans les champs de bataille dévastés par l'artillerie et submergés par la boue, des milliers de gens ont péri dans l'anonymat. Plusieurs ont été enterrés dans des tombes sans épitaphe. D'autres reposent encore sous les champs agricoles de France ou de Belgique où la guerre autrefois faisait rage. D'innombrables soldats canadiens ont perdu la vie par le passé. Le soldat inconnu les représente tous.

Chaque année, le 11 novembre, des milliers de Canadiens se réunissent sur la place qui entoure le Monument commémoratif de guerre pour célébrer l'anniversaire de la fin de la Première Guerre mondiale. Sur les manteaux et les chandails dont s'emmitoufle la foule pour se protéger de la fraîcheur automnale sont épinglés des milliers de coquelicots rouge vif, cette fleur devenue le symbole du souvenir grâce au célèbre poème *In Flanders Fields* écrit par le lieutenant-colonel John McCrae pendant la Première Guerre mondiale. Les coquelicots, comme la tombe du Soldat inconnu, nous rappellent les contributions des Canadiens et les sacrifices qu'ils ont consentis pendant la Grande Guerre.

L'exposition **Se battre en Flandre — Gaz. Boue. Mémoire.** témoigne de l'épisode de la guerre livrée en Belgique par les troupes canadiennes. Dans ce pays ont eu lieu certains des conflits les plus sanglants et des batailles les plus terribles, dont les noms demeurent gravés dans l'esprit des Canadiens aujourd'hui encore : la seconde bataille d'Ypres, au cours de laquelle 6 000 Canadiens sont morts ou ont été blessés lorsque les Allemands ont libéré pour la première fois du chlore gazeux; la bataille du mont Sorrel qui a permis aux Canadiens, malgré leurs 8 700 victimes, de reprendre les territoires perdus grâce à un tir d'artillerie concentré; et la bataille de Passchendaele, où le terrain transformé en une mer de boue a fait des soldats canadiens des cibles sur lesquelles l'ennemi pouvait tirer facilement. La bataille de Passchendaele s'est soldée par une victoire chèrement payée, les Canadiens comptant 16 000 morts ou blessés.

Au-delà des batailles, **Se battre en Flandre — Gaz. Boue. Mémoire.** présente les technologies et les stratégies créées par les Canadiens et leurs alliés, grâce auxquelles les troupes de combat ont pu s'adapter aux terribles conditions des champs de bataille. L'exposition se penche aussi sur les monuments commémoratifs érigés après la guerre et sur les rituels de commémoration qui se poursuivent encore.

Cette exposition n'aurait pu voir le jour sans le généreux soutien de nos commanditaires et de nos nombreux partenaires nationaux et internationaux dont les artefacts, les documents et les œuvres alimentent cette exposition, aux côtés des pièces tirées de l'imposante collection du Musée. Ces objets fournissent aujourd'hui au public une référence qui lui permet de se rappeler les expériences personnelles, nationales et internationales de la génération qui a combattu pendant la Première Guerre mondiale.

James Whitham

Directeur général,
Musée canadien de la guerre,
et vice-président,
Musée canadien de l'histoire

INTRODUCTION

La Belgique fait pleinement partie de l'expérience canadienne de la Première Guerre mondiale. Le Canada, en tant que membre de l'Empire britannique, est entré en guerre le 4 août 1914, quand l'Empire allemand a refusé de respecter la neutralité de la Belgique et a envahi le pays. Pour les Canadiens, la guerre commence et s'achève en Belgique : le jeune Corps expéditionnaire canadien livre son premier combat d'envergure à Ypres, en avril 1915; et à la fin de la guerre, en novembre 1918, les soldats canadiens ont libéré la ville de Mons. Les Canadiens remportent également des victoires marquantes sur le sol belge, entre autres en arrêtant l'avancée des troupes allemandes lors de la deuxième bataille d'Ypres (1915) et de la bataille du mont Sorrel (1916), ainsi qu'en s'emparant de la crête de Passchendaele (1917).

Les soldats qui participent à la Première Guerre mondiale doivent s'adapter à des conditions épouvantables. Ce premier conflit mondial mené à l'échelle industrielle conduit à la production en série de terribles armes, dont les mitrailleuses, les gaz toxiques et l'artillerie lourde. La guerre dévaste le paysage belge qui demeure tapissé de centaines de kilomètres de barbelés et de tranchées, et criblé de milliers de trous d'obus. Les victoires sont souvent remportées au prix de grands sacrifices, mais les réussites militaires des troupes canadiennes stationnées en Belgique résultent en partie de leur capacité de s'adapter et de maîtriser ce milieu exigeant.

Destruction de la ville d'Ypres, Belgique

Un siècle plus tard, l'expérience des soldats canadiens en Belgique transparaît encore dans la façon dont le Canada se souvient de la Première Guerre mondiale et des autres conflits, et dont il les commémore. Le poème du lieutenant-colonel John McCrae intitulé *In Flanders Fields*, sans doute le plus célèbre poème datant de la Première Guerre mondiale, a été écrit juste après la deuxième bataille d'Ypres, à la suite du décès d'un ami proche de McCrae. Ces vers sont immédiatement devenus populaires, et ils le demeurent encore aujourd'hui. Lu fréquemment au cours de cérémonies commémoratives, *In Flanders Fields* a aussi inspiré le choix du coquelicot comme symbole international du souvenir.

Ce catalogue-souvenir accompagne l'exposition **Se battre en Flandre — Gaz. Boue. Mémoire.**, qui explore ce que les soldats canadiens ont vécu en Belgique pendant la Première Guerre mondiale, ainsi que la façon dont les deux pays commémorent et se souviennent du conflit. Organisée par le Musée canadien de la guerre, l'exposition présente des artefacts, des œuvres d'art et des documents d'archives tirés de l'immense collection du Musée, ainsi que des objets et documents prêtés par plusieurs partenaires nationaux et internationaux. D'une petite épinglette en forme de coquelicot à une pièce d'artillerie de sept tonnes, les objets exposés constituent une présentation convaincante sur la guerre menée par le Canada sur le sol belge entre 1915 et 1918. L'exposition et la publication qui l'accompagne incitent les Canadiens à réfléchir aux répercussions personnelles, nationales et internationales de la Première Guerre mondiale.

L'EMPIRE BRITANNIQUE EN GUERRE

L'Empire britannique entre en guerre lorsque l'Allemagne refuse de respecter la neutralité de la Belgique et l'envahit.

L'invasion de la Belgique fait partie de la stratégie allemande visant à progresser à travers l'Europe occidentale. Ce faisant, elle viole l'entente signée en 1839 entre la Grande-Bretagne, l'Allemagne, la France, la Russie et l'Autriche-Hongrie, ce qui incite la Grande-Bretagne à déclarer la guerre sous prétexte de défendre la neutralité de la Belgique. En 1914, le chancelier allemand Theobald von Bethmann Hollweg soulève un tollé mondial lorsqu'il qualifie le traité de Londres de 1839 de simple « chiffon de papier ».

LA CONTRIBUTION CANADIENNE EN BELGIQUE

Les Canadiens qui se sont battus en Belgique durant la Première Guerre mondiale se sont adaptés à des conditions de guerre épouvantables avec une volonté de fer.

Les soldats canadiens ont affronté des gaz toxiques pendant la deuxième bataille d'Ypres, ils se sont servis d'une puissance de feu massive pour récupérer le territoire perdu au mont Sorrel, et ils se sont frayé un chemin dans une mer de boue pour s'emparer du village de Passchendaele. Aujourd'hui encore, on se souvient de leur contribution à la défense de la Belgique, et elle est activement commémorée.

Affiche de recrutement intitulée « The "Scrap of Paper" »
(Le chiffon de papier)

Juin 1915

Fugitives at Sea
(Fugitifs en mer)

Entre 1914 et 1919
Gerald Spencer Pryse (1882-1956)

TÉMOIN

Le major Gerald Spencer Pryse, artiste gallois qui a servi comme estafette du gouvernement belge pendant la guerre, a vu des réfugiés belges déplacés à cause de l'invasion allemande. Ses croquis de ces scènes ont été utilisés dans de nombreuses affiches de recrutement et de collectes de fonds.

UN SYMBOLE DE LA DESTRUCTION

À quelques kilomètres derrière les lignes du front se trouve Ypres, ville belge qui fut ravagée par la guerre. À la page suivante, on peut voir les Halles aux draps, vieilles de 500 ans, situées au cœur de la ville. Elles se classent parmi les plus grands bâtiments commerciaux du Moyen Âge; elles font partie du patrimoine de l'industrie textile de la ville.

Endommagées par des obus d'artillerie au début de novembre 1914 puis presque détruites par des obus incendiaires deux semaines plus tard, les Halles aux draps sont devenues un symbole de la destruction massive causée par la guerre. Au cours des décennies qui ont suivi le conflit, on les a soigneusement reconstruites selon les plans médiévaux.

Cloth Hall, Ypres, 1914
(Les Halles aux draps, Ypres, 1914)

Alfred Bastien (1873-1955)

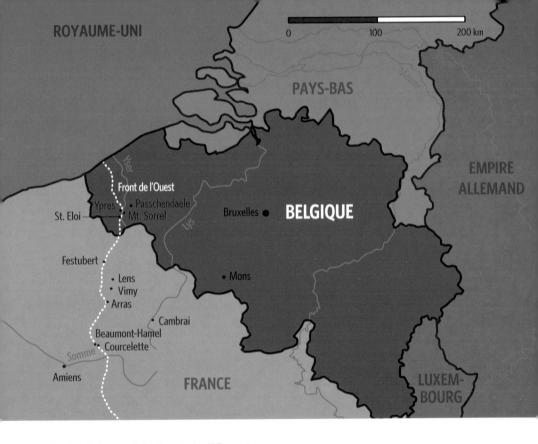

La Belgique et le front de l'Ouest

Fin de l'année 1914

Protéger les soldats et les animaux contre l'effet des gaz

GAZ

LA DEUXIÈME BATAILLE D'YPRES

1915

Pendant la deuxième bataille d'Ypres, en avril 1915, les soldats canadiens et leurs alliés ont été exposés à des gaz toxiques, mais ils ont combattu avec acharnement pour conserver la ville d'Ypres.

« Il m'est impossible de donner une véritable idée de la terreur et de l'horreur que nous inspire cette peste dégoûtante et répugnante. »

— **Le major Harold Matthews**, 8e Bataillon

« Les effets de ce gaz sont épouvantables à voir. Un grand nombre d'hommes atteints nous ont croisés en allant se faire soigner. Ils sont pratiquement aveugles et asphyxiés. »

— **Le lieutenant Edmund MacNachtan**, 1re Brigade, Artillerie de campagne canadienne

**Attaque aux gaz sur le champ de bataille de la Somme,
au moyen de cylindres de gaz liquide**

LA BATAILLE

Du 22 au 24 avril 1915

Les Allemands libèrent 160 tonnes de chlore gazeux contenu dans 5 730 cylindres. Ce gaz forme un épais nuage jaune verdâtre qui frappe en premier les Français. Ceux-ci s'enfuient, toussant, suffoquant et mourant.

La retraite des troupes françaises crée une brèche de six kilomètres dans la ligne de défense alliée. On dépêche des réservistes canadiens au front pour combler la brèche et arrêter l'avancée des Allemands. Les Canadiens lancent une attaque agressive, forçant l'ennemi à se replier et l'empêchant ainsi de percer le front.

Dans les jours qui suivent l'attaque initiale, les Alliés réussissent à vaincre les Allemands et à les immobiliser. Mais cette victoire coûte cher : en quatre jours de combat, les soldats canadiens comptent 6 000 victimes.

UN APERÇU DE LA BATAILLE

Le règlement militaire interdit aux soldats de prendre des photographies avec des appareils personnels, de crainte que celles-ci tombent entre des mains ennemies et révèlent des renseignements utiles. Néanmoins, de nombreux soldats ne respectent pas cette consigne. Cent ans plus tard, les photographies qu'ils ont prises offrent un compte rendu officieux de la deuxième bataille d'Ypres.

« C'est comme si l'enfer s'était déchaîné. On aurait dit que tous les canons du monde étaient pointés sur nous. »

— **Le soldat James Glover**, 91e Bataillon

Deux soldats dans une tranchée peu profonde

Ypres
1915

7 A.M., April 22nd, 1915
(Le 22 avril 1915 à 7 h, 1915)

Arthur Nantel (1874-1948)

CAPITAINE FRANCIS SCRIMGER, V.C.

Le capitaine Francis Scrimger, un médecin de Montréal, au Québec, commande un poste de secours à Wieltje, à cinq kilomètres au nord-est d'Ypres. Comptant parmi les premiers à identifier le chlore gazeux, il ordonne aux soldats canadiens de tenir un linge humide sur leur bouche et leur nez afin de protéger leurs poumons. Cette protection limitée permet néanmoins aux soldats de poursuivre le combat.

Le capitaine Francis Scrimger a reçu la Croix de Victoria pour sa bravoure et son dévouement envers ses patients le 25 avril 1915.

Dans une lettre envoyée à sa famille, Scrimger dit modestement qu'il ne considère pas ses actions comme particulièrement spéciales, ayant vu d'autres personnes faire « des choses bien plus dangereuses ».

Portrait of Captain F. A. C. Scrimger, Victoria Cross (Portrait du capitaine F. A. C. Scrimger, Croix de Victoria)

Entre 1915 et 1918
Archibald George Barnes
(1887-1972)

**Ensemble de médailles de la Croix de Victoria,
capitaine Francis Scrimger, V.C.**

LA LIBÉRATION DES GAZ

À Ypres, en 1915, les Allemands transportent au front le chlore gazeux à l'état liquide, dans des cylindres. Exposé à l'air, le chlore refroidit et se gazéifie; et par vent favorable, il traverse les lignes ennemies. Les conditions météorologiques contraignent donc les dirigeants à retarder certaines attaques.

La création de bombes chimiques constitue une amélioration par rapport aux cylindres à gaz, car il n'est plus nécessaire d'attendre un vent favorable. Les bombes permettent aussi d'accroître la portée du gaz.

Bombe à gaz de projecteur Livens

L'ÉQUIPEMENT DE PROTECTION

Après que le chlore gazeux a été utilisé à la deuxième bataille d'Ypres, les commandants alliés ont reconnu l'urgence de trouver des moyens de protéger des gaz les soldats dans les tranchées.

Au moment de concevoir les masques à gaz, on a tenu compte de plusieurs facteurs, dont le degré de protection, le confort et la facilité d'emploi. Certains masques sont meilleurs que d'autres, mais aucun ne répond à tous les besoins des soldats.

Remis aux Canadiens en mai 1915, le respirateur Black Veil comporte une compresse de gaze imbibée de produits chimiques, destinée à protéger contre le chlore gazeux. Porté adéquatement, le respirateur assure une bonne protection, mais sa tendance à bouger pendant les combats le rend inefficace.

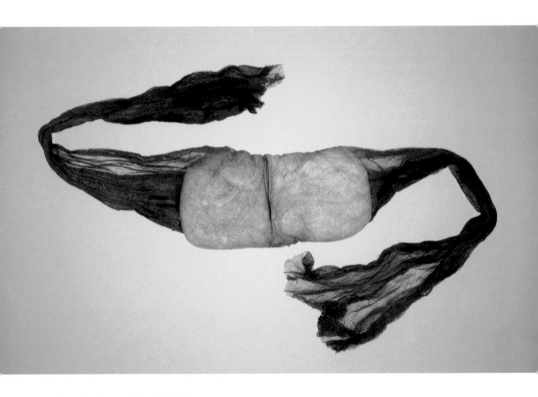

Respirateur Black Veil

LA CAGOULE HYPO

La cagoule Hypo est un sac traité avec des produits chimiques, qui offre une protection contre le chlore gazeux. Elle est inventée au cours de l'été 1915 par le capitaine Cluny Macpherson, un médecin militaire de Terre-Neuve.

Enveloppant la tête et insérée dans les vêtements au niveau du cou, la cagoule Hypo bouge moins que le respirateur Black Veil. Cependant, elle est encombrante et étouffante, et le traitement chimique du sac irrite la peau et les yeux.

LA CAGOULE P.H.

La cagoule P.H. (phénate-hexamine) remplace la cagoule Hypo à l'automne 1915. Elle comporte une valve par laquelle le soldat expire, empêchant l'accumulation de dioxyde de carbone à l'intérieur de la cagoule.

La cagoule P.H. offre une protection adéquate contre le chlore gazeux et le phosgène. Cependant, les soldats ne l'aiment guère, car ils doivent l'insérer soigneusement dans leur chemise, et le traitement chimique de la cagoule brûle souvent la peau.

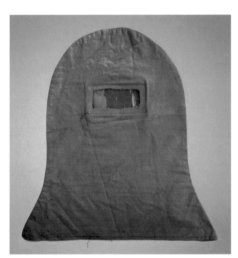

Cagoule Hypo

**Un soldat canadien
portant une cagoule P.H.**

PETIT APPAREIL RESPIRATOIRE

Introduit en août 1916, le petit appareil respiratoire est le meilleur protecteur utilisé par les Britanniques et les Canadiens jusqu'à la fin de la guerre. Doté d'un filtre qui sert à éliminer les substances irritantes et d'un masque offert en quatre tailles, il est facile à utiliser et offre une protection adéquate et un confort raisonnable.

CRÉCELLE D'ALERTE AU GAZ

Les soldats doivent être avertis assez vite pour mettre leur masque à gaz à temps et ne pas respirer les substances chimiques toxiques. Les sentinelles guettent les signes de gaz toxiques. En donnant l'alarme dès les premiers indices de gaz, elles préviennent leurs camarades qu'ils doivent enfiler leurs masques rapidement afin d'éviter la mort ou les blessures.

Un bon odorat pouvait sauver la vie d'un soldat. Il était essentiel de détecter l'odeur du gaz toxique et d'enfiler son équipement de protection le plus vite possible, afin d'accroître ses chances de survie.

Petit appareil respiratoire

**Un soldat canadien portant
un petit appareil respiratoire**

Gas Chamber at Seaford
(Chambre à gaz à Seaford)

1918
Frederick Varley (1881-1969)

EXERCICES D'ENTRAÎNEMENT EN PRÉSENCE DE GAZ

Ce tableau de Frederick Varley représente un exercice d'entraînement en présence de gaz, à Seaford, en Angleterre. Les soldats traversent une cabane remplie de gaz afin de simuler les conditions du champ de bataille. Ils portent leur équipement de protection pendant cet exercice destiné à leur donner confiance.

POSTES DE VÉRIFICATION DE L'ÉQUIPEMENT DE PROTECTION

Des panneaux sont installés près des postes de vérification de l'équipement de protection. Les soldats reçoivent la consigne de venir faire vérifier leur équipement.

L'entraînement et la protection contre les gaz étaient essentiels, car les médecins et les infirmières ne pouvaient pas faire grand-chose pour soulager les souffrances des patients gazés.

Crécelle d'alerte au gaz

HEAVY ARTILLERY
GAS DEPÔT

IS YOUR RESPIRATOR
SOUND?
IF YOU ARE NOT SURE
WALK RIGHT IN AND
HAVE IT TESTED

Ce panneau invite les soldats à entrer au poste de vérification afin de s'assurer que leur équipement de protection contre les gaz est en bon état.

Artillerie lourde en action

1916

LA PUISSANCE DE TIR

LA BATAILLE DU MONT SORREL

1916

Les Canadiens perdent la première phase de la bataille du mont Sorrel. Grâce à une préparation adéquate et à une forte puissance de tir, ils réussissent à reprendre le territoire.

« Quand nous en sommes sortis, on aurait dit que nous arrivions d'un abattoir. Nos vêtements étaient complètement raidis, saturés de sang et de boyaux. »

— **Le soldat Stanley Russell Bowe**,
2e Bataillon du Canadian Mounted Rifles

Paysage dévasté

Bois du Sanctuaire
1916

LA BATAILLE

Du 2 au 14 juin 1916

Le 2 juin 1916, les Allemands lancent un bombardement intensif sur les positions canadiennes au mont Sorrel. Ils projettent de saisir la dernière hauteur dans la région d'Ypres, encore aux mains des Alliés. L'attaque affaiblit les soldats canadiens qui ont subi de lourdes pertes et doivent abandonner plusieurs positions.

Pour reprendre le mont Sorrel, les dirigeants britanniques et canadiens décident de détruire les lignes ennemies à l'aide d'un tir d'artillerie concentré, puis de lancer une attaque d'infanterie afin de récupérer le territoire. Pour mener à bien ce plan, ils rassemblent 218 canons pour faire feu sur un front d'environ 1 500 mètres. C'est une puissance de tir impressionnante, vu l'étroitesse du front. Cependant, cette réussite coûte cher : plus de 8 700 soldats canadiens sont tués ou blessés.

Cette contre-attaque présente certains éléments caractéristiques de l'approche adoptée par les Canadiens dans les combats qui vont suivre : pour s'emparer de leur cible, ils préparent adéquatement la bataille et utilisent une puissance de feu accrue plutôt qu'un plus grand nombre de soldats.

« Les canons nous avaient appuyés merveilleusement. Je n'avais jamais entendu un tel bombardement avant. C'était formidable. »

— **Le major Herbert R. Alley**, 3e Bataillon

« **Un présent du Canada** »

DES PERTES DÉVASTATRICES

Au bois du Sanctuaire, pendant la bataille du mont Sorrel, des soldats du Princess Patricia's Canadian Light Infantry se trouvent coincés par les tirs ennemis. Sur les 700 combattants du bataillon, on compte plus de 400 victimes des tirs ennemis, parmi lesquelles 150 soldats tués. Ce tableau de l'artiste-soldat Kenneth Forbes montre des survivants tenant le territoire dévasté.

The Defence of Sanctuary Wood
(Défense du bois du Sanctuaire)

1918
Kenneth Keith Forbes (1892-1980)

L'ÉVOLUTION DE L'ARMEMENT — LE FUSIL ROSS EST REMPLACÉ

Les soldats du Corps expéditionnaire canadien sont d'abord équipés de fusils Ross, de fabrication canadienne. Excellent pour les tireurs d'élite, ce fusil a néanmoins tendance à s'enrayer pendant la bataille. Par le mois de septembre 1916, les divisions canadiennes ont remplacé les fusils Ross par des fusils Lee-Enfield, fabriqués en Angleterre.

Des fusils Lee-Enfield étaient modifiés dans des ateliers militaires pendant la guerre pour servir de lance-grenades. Le canon et le fût ont été renforcés pour résister à la force engendrée lors du tir. Les soldats pouvaient lancer des grenades jusqu'à 275 mètres avec ce fusil, bien plus loin qu'à la main.

Fusil Ross
(en haut)

Fusil Lee-Enfield SMLE Mk III
(en bas)

LES MITRAILLEUSES

Les mitrailleuses, qui permettent de tirer plusieurs centaines de balles par minute, sont des armes dévastatrices, en particulier lorsqu'on les utilise contre des troupes ennemies avançant à découvert. Elles permettent un tir presque continu pendant que les soldats avancent pour attaquer les bastions ennemis avec des fusils et des grenades.

LA MITRAILLEUSE VICKERS

La mitrailleuse Vickers tire jusqu'à 500 balles par minute de façon précise et soutenue dans presque toutes les conditions. Elle a la réputation bien méritée d'être une arme robuste et fiable, facile à utiliser et à réparer.

LA MITRAILLEUSE LEWIS

Dès l'été de 1915, les forces britanniques et canadiennes utilisent la mitrailleuse Lewis, qui permet de tirer jusqu'à 600 balles par minute. Cette mitrailleuse pèse 13 kilos, soit environ la moitié du poids de la Vickers, et elle peut être portée et utilisée par un seul soldat.

**Mitrailleuse Vickers Mk I avec
système de refroidissement à eau**
(en haut)

Mitrailleuse Lewis 1914
(en bas)

L'ARTILLERIE :
UN DÉLUGE D'ACIER

L'artillerie inflige la majorité des pertes sur les champs de bataille pendant la Première Guerre mondiale.

L'utilisation de l'artillerie a évolué considérablement. Dans les premières années de la guerre, l'artillerie se limitait principalement au tir direct, soit sur des cibles dans la ligne de visée. Cependant, à la fin de la guerre, elle pouvait assurer un tir indirect, frappant ainsi des cibles masquées par le terrain ou trop éloignées pour être aperçues.

Dans la bataille du mont Sorrel, les Canadiens affrontent de gros obusiers comme celui-ci. Les Allemands utilisent particulièrement le gros obusier Mörser 10 (21 cm) pendant les deux premières années de guerre. Cette arme peut détruire des tranchées dans un rayon de 8 200 mètres.

**Obusier Mörser 10 (21 cm) à âme rayée,
chargeable par la culasse**

**Le gros obusier Mörser
en action**

LA COLLABORATION ENTRE LES FORCES AÉRIENNES ET LES FORCES TERRESTRES

Les pilotes et les artilleurs apprennent à travailler ensemble pendant la Première Guerre mondiale.

Les 7 et 8 juin 1916, des pilotes prennent des photographies aériennes du mont Sorrel en volant dangereusement bas et lentement au-dessus des positions allemandes. Les artilleurs utilisent ces photographies pour viser les bastions ennemis. Pour les Canadiens, c'est le début de l'interaction entre l'artillerie et les avions.

LA PHOTOGRAPHIE AÉRIENNE

Ce collage présente des photographies aériennes prises dans la région du mont Sorrel en juillet 1916. À gauche, les photographies ont été disposées de façon à montrer comment on les utilisait pour créer des cartes.

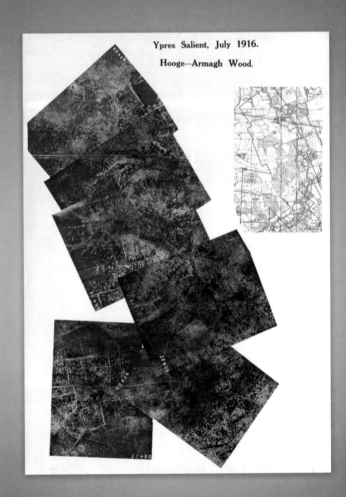

Ypres Salient, July 1916.

Hooge—Armagh Wood.

Photographie aérienne du saillant d'Ypres

Juillet 1916

« La boue et l'eau à travers lesquels les Canadiens devaient avancer pour se rendre à Passchendaele. Par endroit, le niveau de l'eau s'élevait à trois mètres. »

— Le capitaine Herbert Laurence Rous,
  2e Compagnie, Corps canadien de l'intendance

BOUE

LA BATAILLE DE PASSCHENDAELE

1917

La bataille de Passchendaele se déroule du 31 juillet au 10 novembre 1917. Les Canadiens s'engagent dans le combat en octobre et affrontent une mer de boue pour prendre Passchendaele.

« La boue est notre pire ennemi. Vous pouvez difficilement imaginer à quel point les conditions sont mauvaises. »

— **Le soldat Harold Henry Simpson**,
2e Batterie de siège canadienne

LA BATAILLE

Du 31 juillet au 10 novembre 1917

Le commandant en chef britannique, sir Douglas Haig, lance une offensive pour s'emparer des hauteurs de la crête de Passchendaele. Il espérait ensuite prendre les ports de mer occupés par les Allemands.

Après des succès initiaux, l'offensive britannique se trouve paralysée. En août, de fortes pluies inattendues transforment le sol en une mer de boue. Haig ordonne une attaque pour s'emparer de Passchendaele le 12 octobre 1917, mais les pénibles conditions qui sévissent au champ de bataille empêchent les Britanniques de prendre la crête.

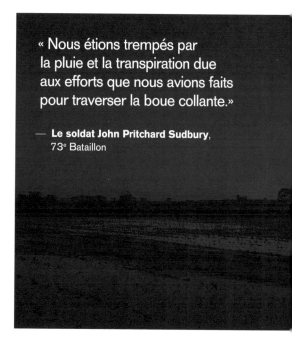

« Nous étions trempés par la pluie et la transpiration due aux efforts que nous avions faits pour traverser la boue collante. »

— **Le soldat John Pritchard Sudbury**, 73e Bataillon

Le commandant en chef britannique sir Douglas Haig (à droite)
avec le lieutenant-général Arthur Currie

1918

LE PLAN DU LIEUTENANT-GÉNÉRAL ARTHUR CURRIE

La crête de Passchendaele est une pente menant au village dévasté de Passchendaele. Une rivière en crue sépare le terrain en deux.

Comme le montre cette carte, Arthur Currie divise les soldats en deux colonnes et leur demande d'attaquer de chaque côté de la rivière. Currie est convaincu que le seul moyen de s'emparer de la crête inondée et bien défendue consiste à prendre une position à la fois. Il planifie donc quatre opérations coordonnées, chacune ayant pour objectif de s'emparer d'une position clé et de la conserver.

LES CANADIENS DANS LA BATAILLE

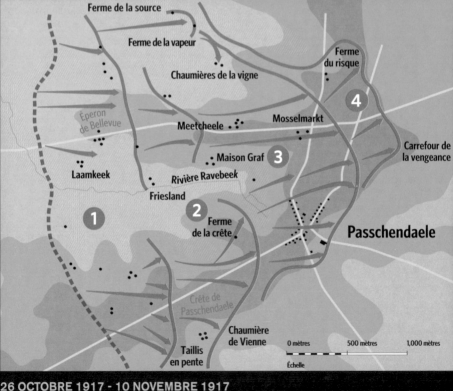

Ferme de la source

Ferme de la vapeur

Chaumières de la vigne

Ferme du risque

Éperon de Bellevue

Meetcheele

Mosselmarkt

4

Carrefour de la vengeance

Maison Graf

3

Laamkeek

Rivière Ravebeek

Friesland

1

2

Ferme de la crête

Passchendaele

Crête de Passchendaele

Chaumière de Vienne

| 0 mètres | 500 mètres | 1,000 mètres |

Échelle

Taillis en pente

26 OCTOBRE 1917 - 10 NOVEMBRE 1917

1	26-28 octobre		Ligne de front		Casemates, positions défensives allemandes
2	30 octobre		Ligne de départ, 26 octobre		Édifice
3	6 novembre		Attaque canadienne		Zone inondée
4	10 novembre				

**Un bataillon de pionniers
canadiens pose des caillebotis
sur le sol boueux**

Passchendaele
1917

LES CAILLEBOTIS

Pendant la Première Guerre mondiale, les bataillons de pionniers, qui accomplissent des tâches de construction, posent des kilomètres de caillebotis sur le sol belge. À Passchendaele, les caillebotis sont particulièrement importants pour aider les soldats à avancer jusqu'aux lignes du front sans se noyer dans la boue.

« Nous marchions sur ces caillebotis en bois, comme des échelles posées sur le sol. Un homme touché et blessé qui serait tombé se serait facilement noyé dans la boue, sans jamais réapparaître. Nous ne voulions surtout pas quitter les caillebotis. »

— **Le soldat Richard Mercer**,
1st Canadian Motor Machine Gun Brigade

Caillebotis

DES ARTILLEURS DANS LA BOUE

La tâche exténuante de mettre de lourdes pièces d'artillerie en place revient aux artilleurs, qui passent des heures à construire des plates-formes fermes en bois permettant aux canons de tirer sans sombrer dans la boue.

Dans ce tableau de l'artiste belge Alfred Bastien, des artilleurs canadiens à Passchendaele poussent, tirent et soulèvent un chariot pour l'extraire de la boue.

Canadian Gunners in the Mud, Passchendaele
(Artilleurs canadiens dans la boue, Passchendaele)

1917
Alfred Bastien (1873-1955)

LES CASEMATES ALLEMANDES

Il est très difficile de construire des tranchées dans la boue épaisse. Les Allemands érigent donc des centaines de casemates pour protéger leurs positions.

Les casemates sont de petites forteresses en béton armé de 1,5 mètre d'épaisseur. Utilisées avant tout pour protéger les troupes contre les obus d'artillerie, elles résistent aux frappes directes de la plupart des pièces d'artillerie, à l'exception des plus lourdes.

Une casemate allemande inondée

Passchendaele
1917

DES RÉCIPIENDAIRES DE LA CROIX DE VICTORIA

Attaquer une casemate est une entreprise dangereuse. Cinq soldats canadiens — le caporal Colin Barron, le sergent Tommy Holmes, le lieutenant Hugh McKenzie, le sergent George Mullin et le capitaine Christopher O'Kelly — ont joué un rôle essentiel dans la prise de casemates pendant la bataille de Passchendaele. Pour leur bravoure, ils ont obtenu la Croix de Victoria, la plus haute distinction de l'Empire britannique accordée pour bravoure militaire.

Corporal Colin Barron, V.C.
(Le caporal Colin Barron, V.C.)

2005
Sharif Jean Charle Tarabay (né en 1958)

Sergeant T. W. Holmes, V.C.
(Le sergent T. W. Holmes, V.C.)

Vers 1918
Ernest George Fosbery (1874-1960)

Lieutenant Hugh McKenzie, V.C.
(Le lieutenant Hugh McKenzie, V.C.)

2005
Sharif Jean Charle Tarabay (né en 1958)

Portrait of Sergeant G. H. Mullin, V.C.
(Portrait du sergent G. H. Mullin, V.C.)

Vers 1918
John Beatty (1869-1941)

Portrait of Captain C. P. J. O'Kelly, V.C.
(Portrait du capitaine C. P. J. O'Kelly, V.C.)

1918
Frederick Varley (1881-1969)

L'ARME PRODIGIEUSE?

Les chars ont été conçus pour sortir de l'impasse de la guerre des tranchées. Capables de traverser les tranchées ennemies, les véhicules blindés offrent également une protection aux soldats progressant vers les positions ennemies. Dans la bataille de Passchendaele cependant, ils s'enlisent dans la boue et sont ainsi exposés aux bombardements.

Un char d'assaut britannique partiellement submergé dans la boue

Passchendaele
Octobre 1917

Text on memorial:
HERE ARE RECORDED NAMES OF
OFFICERS AND MEN WHO FELL
IN YPRES SALIENT BUT TO WHOM
THE FORTUNE OF WAR DENIED
THE KNOWN AND HONOURED BURIAL
GIVEN TO THEIR COMRADES
IN DEATH

Traverser le Mémorial de la Porte de Menin

Ypres, Belgique
Octobre 2013

LA MÉMOIRE

Cent ans : Belges et Canadiens se souviennent

LA LIBÉRATION DE MONS, 1918

Quelques heures avant la déclaration de l'Armistice, le 11 novembre 1918, les Canadiens prennent la ville de Mons, en Belgique, où la population les accueille avec enthousiasme.

Les soldats canadiens ont été accueillis comme des libérateurs par la population de Mons, qui a organisé des cérémonies et des défilés pour marquer la fin de l'occupation allemande, qui a duré plus de quatre ans.

Les soldats canadiens défilent dans les rues de Mons

Le matin du 11 novembre 1918

LES CANADIENS À MONS

Dans ce tableau, l'artiste Inglis Sheldon-Williams
montre des civils belges et des soldats canadiens
manifestant leur joie sur la place centrale à
Mons. Le corps d'un Allemand au premier plan
témoigne des combats qui ont fait rage à Mons
et dans les environs, dans les jours qui ont
précédé l'Armistice.

The Return to Mons
(Le retour à Mons)

1920
Inglis Sheldon-Williams (1870-1940)

ENTERRÉS DANS LES CHAMPS DE FLANDRE

Plus de 61 000 soldats canadiens sont morts pendant la Première Guerre mondiale, dont plus de 10 000 en Belgique. Les morts sont pleurés par leurs amis et leurs familles au Canada, et par les hommes qui ont servi avec eux.

Ce tableau d'honneur commémore les membres de l'église presbytérienne Zion, à Hull (maintenant Gatineau, au Québec) qui ont servi pendant la Première Guerre mondiale. La liste inclut le lieutenant Alexis Helmer, tué à Ypres le 2 mai 1915, à l'âge de 22 ans. Selon un témoin, le lieutenant-colonel John McCrae, ami de Helmer, a commencé à écrire son poème emblématique, *In Flanders Fields*, après l'enterrement du jeune lieutenant, pour tenter de se remettre de son choc.

Le lieutenant Alexis Helmer

1914

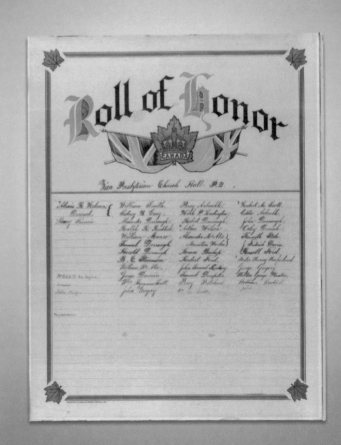

Plaque
commémorative

LIEUTENANT-COLONEL JOHN McCRAE

Originaire de Guelph en Ontario et vétéran de la guerre sud-africaine (1899-1902), John McCrae sert comme chirurgien pendant la Première Guerre mondiale. Tout d'abord attaché à l'Artillerie de campagne canadienne, il se joint ensuite à l'Hôpital général canadien n° 3. Souvent malade pendant la guerre, McCrae meurt le 28 janvier 1918, ayant contracté une pneumonie et une méningite. On se souvient surtout de lui pour son poème *In Flanders Fields*.

AU CHAMP D'HONNEUR

Au champ d'honneur, les coquelicots
Sont parsemés de lot en lot
Auprès des croix; et dans l'espace
Les alouettes devenues lasses
Mêlent leurs chants au sifflement
Des obusiers.

Nous sommes morts
Nous qui songions la veille encor'
À nos parents, à nos amis,
C'est nous qui reposons ici
Au champ d'honneur.

À vous jeunes désabusés
À vous de porter l'oriflamme
Et de garder au fond de l'âme
Le goût de vivre en liberté.
Acceptez le défi, sinon
Les coquelicots se faneront
Au champ d'honneur.

— Adaptation française par **Jean Pariseau**
du poème *In Flanders Fields*
de **John McCrae**

John McCrae

Vers 1914

In Flanders Now
(Dans les Flandres maintenant)

1919
Edna Jaques (1891-1978)

INSPIRÉS PAR
« *IN FLANDERS FIELDS* »

Les nombreux poèmes publiés à la suite d'*In Flanders Fields*, du lieutenant-colonel John McCrae, témoignent aussi de la remarquable popularité de ce texte.

UN SYMBOLE DU SOUVENIR

Le poème de John McCrae touche profondément Moina Michael, une Américaine qui a travaillé outre-mer pendant la guerre. Mme Michael entreprend avec succès une campagne au terme de laquelle la Légion américaine reconnaît le coquelicot comme symbole officiel du souvenir, en avril 1920.

Aux défenseurs morts pour la démocratie
Brochure d'information sur la Journée du coquelicot

États-Unis
Entre 1930 et 1939

D'EUROPE EN AMÉRIQUE DU NORD

En France, Anne Guérin travaille à promouvoir vigoureusement le coquelicot comme moyen d'honorer les soldats morts durant la Première Guerre mondiale. En 1921, elle se rend en Grande-Bretagne et au Canada et réussit à convaincre la Légion britannique et l'Association des anciens combattants de la Grande Guerre (l'ancêtre de la Légion royale canadienne) d'adopter le coquelicot comme symbole du souvenir.

Après la Première Guerre mondiale, le coquelicot est devenu un symbole international du souvenir. Des coquelicots de différentes formes et tailles ont été fabriqués et portés au cours des cent dernières années.

Coquelicot en tissu

Royaume-Uni
Entre 1920 et 1929

DES SOUVENIRS D'YPRES

« Une multitude de touristes et de globe-trotters visiteront Ypres dans les années à venir, mais la ville aura une tout autre signification pour eux que pour ceux qui l'ont vue dévastée. »

— **Dr William Boyd**, Royal Army Medical Corps

Les soldats canadiens sont scandalisés par l'ampleur de la dévastation dont ils sont témoins en Belgique pendant la guerre.

Ramassés dans les ruines de la ville, ces deux objets témoignent de la dévastation causée par la guerre dans tout le pays.

Fragment de verre

Fragment d'une sculpture représentant un ange

Le Mémorial
de la Porte
de Menin

Ypres, Belgique
Octobre 2013

LE MÉMORIAL DE LA PORTE DE MENIN

C'est à Ypres que se trouve le Mémorial de la Porte de Menin, le plus célèbre mémorial du Commonwealth commémorant la Première Guerre mondiale. Conçu par l'architecte Reginald Blomfield, le monument est achevé en 1927.

Il rend hommage aux soldats de l'Empire britannique qui ont été tués en Belgique au cours de la Première Guerre mondiale et dont la sépulture est inconnue. Les noms de 54 404 soldats alliés, dont ceux de 6 927 Canadiens, sont inscrits sur ses murs.

LA CÉRÉMONIE DU « LAST POST »

Chaque soir, de 19 h 30 à 20 h 30, la circulation s'arrête autour de la Porte de Menin, au moment de la cérémonie du « Last Post ». Par cet hommage quotidien, la ville d'Ypres honore ceux qui sont morts en la défendant au cours de la Première Guerre mondiale.

La cérémonie du « Last Post » a été inaugurée en 1928, et elle a été célébrée près de 30 000 fois depuis. Elle a été interrompue uniquement lorsque Ypres a été occupée par les Allemands durant la Seconde Guerre mondiale, et elle a repris au lendemain de la fin de l'occupation, en septembre 1944.

SOLDAT EN MÉDITATION

En 1920, un comité réuni au Canada choisit le *Soldat en méditation*, œuvre de Frederick Chapman Clemesha, comme élément central du mémorial de guerre canadien à Saint-Julien, en Belgique.

Haut de onze mètres, le monument marque l'endroit où la 1re Division canadienne a résisté à une attaque aux gaz toxiques au cours de la deuxième bataille d'Ypres.

**La cérémonie
du « Last Post »**

Ypres, Belgique

Cérémonie de dévoilement du mémorial canadien à Saint-Julien

Le 8 juillet 1923

CLEMESHA DEVANT SON ŒUVRE

Cette photographie montre l'artiste Frederick Chapman Clemesha sur le chantier du *Soldat en méditation*. En 1946, lorsqu'on lui demande pourquoi les Allemands ont épargné son monument pendant la Seconde Guerre mondiale, il répond que « l'absence de haine » dans la sculpture a probablement contribué à sauver son œuvre.

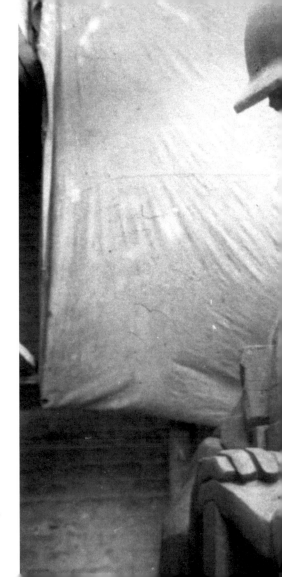

TROUVER LES DISPARUS

Un siècle après le début de la guerre, les restes de plus de 100 000 soldats sont toujours ensevelis sous le sol belge.

Plusieurs dizaines de corps sont retrouvés chaque année. La police prend possession des restes et les remet aux autorités responsables des sépultures de guerre du pays concerné en vue d'une inhumation officielle. Un travail médico-légal complexe et des recherches historiques permettent parfois d'identifier ces soldats. Ici, on voit l'inhumation de soldats canadiens en Belgique, en 2003.

LA MOISSON DE FER

En 1919, l'armée belge crée une équipe spéciale de soldats chargée de récupérer et d'éliminer les matières dangereuses des anciens champs de bataille, redevenus des champs agricoles.

En 2012, 160 tonnes de munitions sont déterrées à Ypres. Des centaines de millions de projectiles tirés pendant la guerre se trouveraient toujours enterrés dans la région d'Ypres. Plus de 850 personnes ont été blessées ou tuées par ces munitions depuis la fin de la guerre, dont 20 membres de l'équipe de désamorçage des bombes.

Les agriculteurs qui labourent leurs champs doivent faire attention pour ne pas heurter accidentellement des munitions non explosées. Ils ramassent tous les obus et les bombes rouillés qu'ils déterrent, et les mettent à l'écart pour qu'ils soient inspectés, collectés et éliminés. Cet exercice annuel est appelé la moisson de fer.

**Le caporal Nico Sierens,
membre de l'équipe belge de désamorçage des bombes**

2013

LA GUERRE DANS LEUR CHAMP

Stijn Butaye a grandi à la ferme Pond, située à Saint-Julien, à sept kilomètres au nord-est d'Ypres. La ferme a changé de propriétaire de nombreuses fois pendant la guerre; au printemps de 1915, elle servait de quartier général à la 2e Brigade d'infanterie canadienne.

La Première Guerre mondiale fait toujours partie intégrante de la vie des Butaye. Chaque année, avant de labourer les champs, Stijn et son père sondent le sol avec des détecteurs de métaux. Les Butaye ont eu de la chance, mais certains de leurs voisins et de leurs amis ont été blessés par des engins explosifs.

SE SOUVENIR DE LA GUERRE

En 2003, Stijn Butaye a commencé à collectionner des objets de guerre ramassés sur les terres de sa famille. Pour exposer ses découvertes, il a créé son propre musée. On le voit ici entouré d'objets de la Première Guerre mondiale qu'il a trouvés.

Stijn Butaye

2013

Matériel de la Première Guerre mondiale ramassé sur les terres de la ferme Pond

CONTRIBUTIONS

Je tiens à remercier tous les membres de l'équipe principale de l'exposition : Marc Beck, Britt Braaten, Marie-Louise Deruaz, Carol Reid et Laura Brown. J'ai profité de l'assistance à la recherche de Nicholas Clarke et des commentaires de nombreux collègues du Musée canadien de la guerre, dont Andrew Burtch, Laura Brandon, Tim Cook et Peter MacLeod. Je souligne la contribution précieuse de Frédéric St-Laurent et Michel Paquette (Visou Design), de Peter Oulton (oulton + devine) et de Carla Ayukawa (Evolution Design). Je remercie aussi le photographe Bill Kent et Lee Wyndham (Coordonnatrice des publications) pour leur précieuse collaboration à la réalisation du catalogue-souvenir. Enfin, je tiens à souligner l'apport inestimable des individus et des organisations qui nous ont généreusement prêté des objets et remis des images qui ont enrichi l'exposition et le catalogue-souvenir.

SOURCE DES PHOTOS

© Musée canadien de la guerre

p. 8 Steven Darby / IMG2012-0213-0005-Dm

p. 10 Collection d'archives George Metcalf / 19800044-029

p. 13 19720121-041

p. 14 Collection d'art militaire Beaverbrook / 19710261-0675

p. 16 Collection d'art militaire Beaverbrook / 19710261-0064

p. 18 Collection d'archives George Metcalf / 19930003-453

p. 20 Collection d'archives George Metcalf / 19700140-077

p. 22 Collection d'archives George Metcalf / 19700139-001

p. 23 Collection d'art militaire Beaverbrook / 19710261-0501

p. 25 Collection d'art militaire Beaverbrook / 19710261-0018

p. 26 Collection commémorative Tilston de médailles militaires canadiennes / 20050163-001

p. 27 19390002-684

p. 31 (à droite) Collection d'archives George Metcalf / 20050172-002-10

p. 33 (à gauche) 19740386-003

p. 33 (à droite) Collection d'archives George Metcalf / 19920085-080

p. 34 Collection d'art militaire Beaverbrook / 19710261-0772

p. 36 19880212-107

p. 37 19390001-908

p. 38 Collection d'archives George Metcalf / 19920044-623

p. 40 Collection d'archives George Metcalf / 19920044-137

p. 43 Collection d'archives George Metcalf / 19920044-671

p. 44 Collection d'art militaire Beaverbrook / 19880266-001

p. 47 (en haut) 19750021-015

p. 47 (en bas) 19950004-001

p. 49 (en haut) 19440025-015

p. 49 (en bas) 19390002-268

p. 51 19940038-001

p. 55 Collection d'archives George Metcalf / 19940001-413

p. 56 Collection d'archives George Metcalf / 19780188-003-39

p. 59 Collection d'archives George Metcalf / 19930013-765

p. 62 Collection d'archives George Metcalf / 19930013-480

p. 66 Collection d'art militaire Beaverbrook / 19710261-0093

p. 68 Collection d'archives George Metcalf / 19930013-518

p. 71 (à gauche) Collection d'art militaire Beaverbrook / 19710261-0148

p. 72 (à gauche) Collection d'art militaire Beaverbrook / 19710261-0099

p. 72 (à droite) Collection d'art militaire Beaverbrook / 19710261-0768

p. 73 Collection d'archives George Metcalf / 19990205-002-18